3권 장모음

SUPER MAGIC PHONICS

슈퍼 매직 파닉스 학습 로드맵

Let's Go!

첫 파닉스, 캐릭터 소리로 즐겁게 시작해요!

파닉스, 왜 중요할까요?

'파닉스'는 글자와 소리의 관계를 배우는 학습법이에요. 글자 소리를 익히고 그 소리들을 조합해서 단어를 읽을 수 있도록 도와주지요. 영어를 시작하는 아이들이 파닉스를 배우면 처음 보는 영어 단어도 쉽게 소리 내어 읽을 수 있답니다. 특히 단어를 통째로 외우기보다, 아이가 스스로 단어를 읽는 힘을 기를 수 있어 영어 학습 초기에 더욱 효과적이에요.

알파벳 캐릭터 친구들과 함께 재미있게 파닉스를 익혀요!

파닉스를 배울 때 기본은 알파벳 26글자의 대표 소리를 익히는 거예요. 《슈퍼 매직 파닉스》에는 알파벳 글자의 대표 소리를 내는 캐릭터들이 등장해요. 예를 들어, a 캐릭터는 앰뷸런스의 사이렌이 울리듯 '애' 소리를 내고, m 캐릭터는 맛있는 음식 냄새를 맡는 것처럼 '음' 소리를 내요. 알파벳 캐릭터 친구들이 내는 소리를 재미있게 따라하다 보면, 알파벳 글자의 대표 소리를 쉽게 기억할 수 있어요.

동영상 속 노래를 신나게 따라 부르면 단어가 술술 읽혀요!

영어를 시작하는 아이들에게는 의미 있는 학습 놀이를 통해 흥미를 끌어주는 것이 중요해요. 《슈퍼 매직 파닉스》는 알파벳 캐릭터 친구들이 나오는 216편의 노래와 챈트 동영상, 그리고 책 속 다양한 학습 놀이 활동으로 파닉스를 즐겁게 배울 수 있습니다. 개성 넘치는 알파벳 캐릭터 친구들의 노래와 챈트를 따라 부르다 보면 어느새 글자 소리가 입에 착 붙고, 단어가 술술 읽히게 될 거예요. 또, 책에서 스티커 붙이기와 글자 쓰기 활동으로 글자와 소리의 관계를 한 번 더 확인할 수 있어요.

《슈퍼 매직 파닉스》는 아이들이 글자를 보고 자신 있게 소리 내어 읽을 수 있는 힘을 길러줍니다. 알파벳 캐릭터 친구들과 함께 신나는 첫 파닉스를 시작해 보세요!

- 슈퍼홈스쿨연구소 -

슈퍼 파닉스 학습 가이드

장모음이 뭐예요?

영어의 모음은 여러 가지 소리를 내요. 모음 a, e, i, o, u가 짧게 소리 나는 것을 단모음, 모음의 이름 소리 그대로 길게 소리 나는 것을 장모음이라고 해요. 그렇다면 모음은 언제 장모음으로 소리가 날까요? 《슈퍼 매직 파닉스》 3권에서는 모음이 단어 끝에 숨어 있는 특별한 마법사, 매직 e를 만나 장모음이 되는 규칙을 배워 볼 거예요.

매직 e와 장모음을 배워요!

영어 단어에는 cake, tape처럼 마지막에 e로 끝나는 경우가 많아요. 이때 끝에 있는 e는 자신의 소리를 내지 않으면서, 앞에 있는 모음의 소리를 마법처럼 길게 바꿔 줘요. 그래서 이 e를 매직 e라고 불러요. 단모음 소리 a(애), i(이), o(아), u(어)가 매직 e를 만나면 a⌢e(에이), i⌢e(아이), o⌢e(오우), u⌢e(유)처럼 모음의 이름 소리로 길게 소리 나는 장모음으로 바뀌어요.

매직 e가 들어간 단어를 읽어요!

cap처럼 모음이 a 하나인 단어는 알파벳 소리 그대로 'ㅋ애ㅍ'로 읽어요. 하지만 cape처럼 a 뒤에 매직 e가 오면, a는 장모음 소리인 '에이'로 바뀌어 'ㅋ에이ㅍ'로 읽어요. 이렇게 매직 e 규칙을 익히면 cake, tape, like처럼 매직 e가 들어간 다른 단어들도 쉽게 읽을 수 있답니다.

• 영어 발음을 쉽게 이해할 수 있도록 우리말로 표기했습니다. 정확한 발음은 동영상의 원어민 소리를 듣고 따라하며 익혀 주세요.

이렇게 공부해요

Step 1 소리 듣기

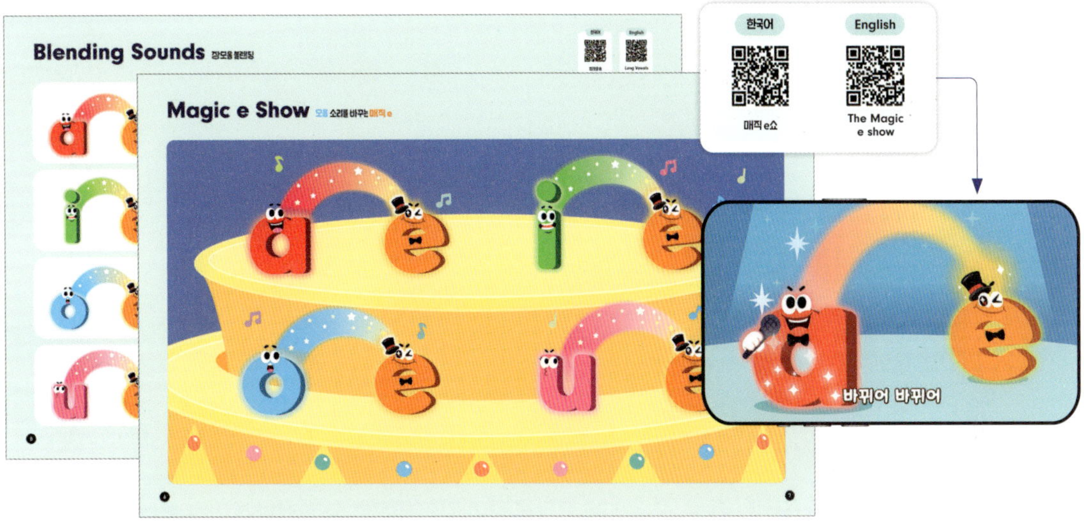

슈퍼 파닉스 친구들을 만나는 페이지입니다. QR 코드를 찍어 슈퍼 파닉스 친구들이 나오는 동영상을 보고, 노래를 따라 불러요.

• 한국어 가사로 노래를 익힌 후, 영어 가사로 신나게 따라 불러 보세요.

Step 2 소리 알기

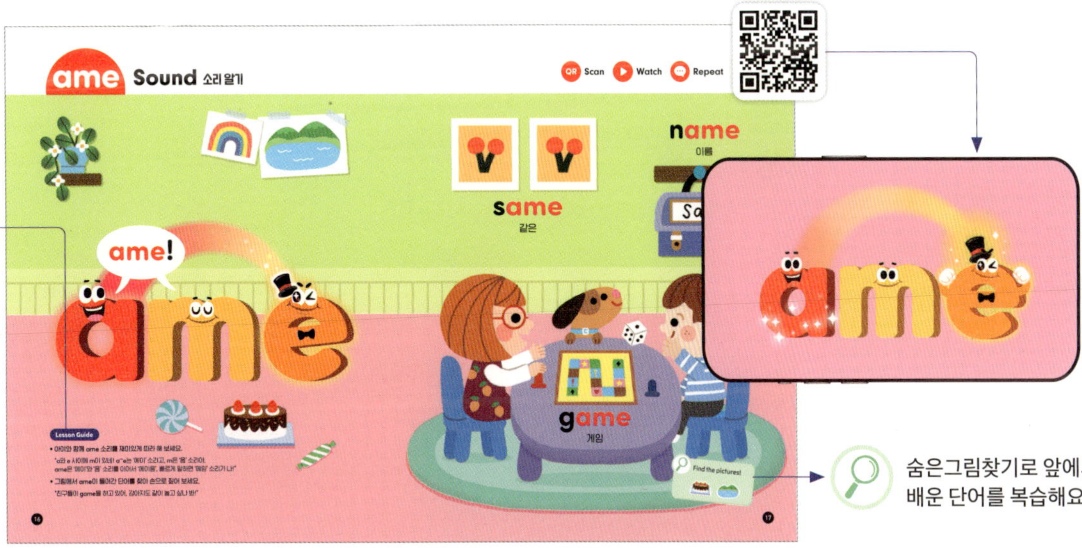

Lesson Guide

레슨 가이드를 활용하여 아이와 대화를 나눠 보세요.

숨은그림찾기로 앞에서 배운 단어를 복습해요.

❶ 소리 알기 QR 코드를 찍어 동영상을 먼저 보세요. 슈퍼 파닉스 친구들이 내는 소리를 듣고 재미있게 따라하며 익혀요.

❷ 단어 알기 일상에서 자주 사용하는 단어에서 오늘 배운 소리를 찾아보고, 큰 소리로 따라 읽어 보세요.

Step 3 단어 읽기

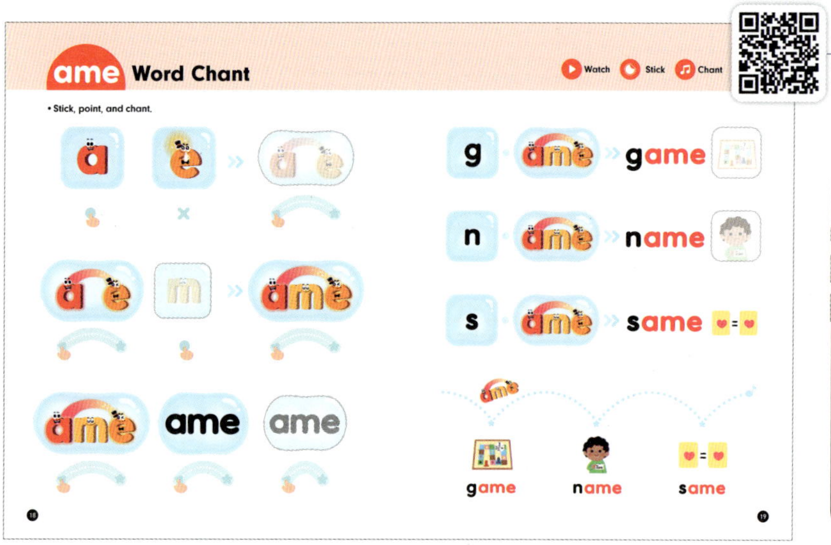

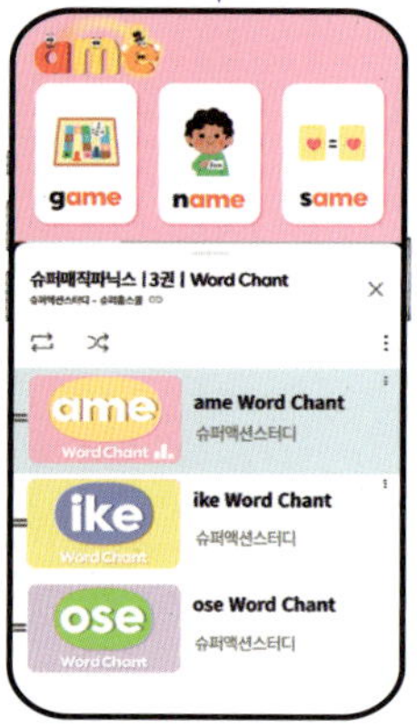

❶ **챈트 따라 부르기** QR 코드를 찍어 워드 챈트를 듣고 신나게 따라 불러요.

❷ **스티커 붙이기** 스티커를 붙이며 각 글자들이 만나 어떤 소리를 내는지 알고, 배운 소리가 들어간 단어를 읽어요.

Step 4 활동하기

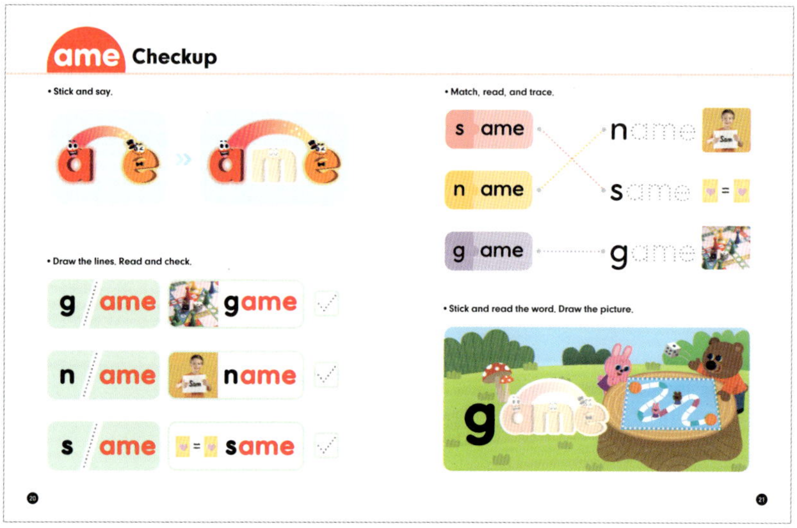

❶ **스스로 읽기** 블렌딩으로 글자 소리를 합쳐 단어를 읽어요.

❷ **스스로 쓰기** 완성된 글자를 스스로 따라 쓰며 단어를 익혀요.

Step 5 **복습하기**

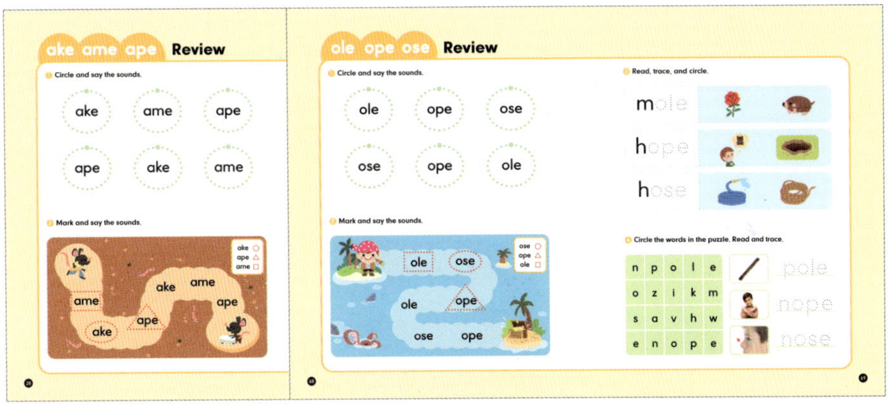

Review 앞에서 배운 소리와 단어를 복습해요. 다양한 연습문제를 풀어보며 글자와 소리를 연결하고, 단어를 읽어요.

Tracing Sounds 앞에서 배운 소리들을 읽고 따라 쓰면서 한 권을 마무리해요.

Word Review 장모음 소리가 들어간 단어를 읽고 쓰면서 한 권을 마무리해요.

Magic e Show 모음 소리를 바꾸는 매직 e

한국어

매직 e쇼

English

Magic e Show

Blending Sounds 장모음 블렌딩

ake

ike

ole

use

한국어

장모음 송

English

Long Vowels

ame

ape

ine

ive

ope

ose

ute

ake Sound 소리 알기

Lesson Guide

- 아이와 함께 ake 소리를 재미있게 따라 해 보세요.

  "a와 e 사이에 k가 있네! a⌒e는 함께 묶어서 '에이' 소리고, k는 'ㅋ' 소리야. ake는 '에이'와 'ㅋ' 소리를 이어서 '에이ㅋ' 소리가 나."

- 그림에서 ake가 들어간 단어를 찾아 손으로 짚어 보세요.

  "테이블 위에 cake가 있네! 아기 오리의 생일인가 봐!"

QR Scan Watch Repeat

ake Word Chant

• Stick, point, and chant.

Watch Stick Chant

b + ake » bake 

c + ake » cake 

l + ake » lake 

ake

bake

cake

lake

ake Checkup

• Stick and say.

»

• Draw the lines. Read and check.

b / ake  bake ☐

c / ake  cake ☐

l / ake  lake ☐

• Match, read, and trace.

l ake	cake	
b ake	bake	
c ake	lake	

• Stick and read the word. Draw the picture.

ame Sound 소리 알기

Lesson Guide

- 아이와 함께 ame 소리를 재미있게 따라 해 보세요.

  "a와 e 사이에 m이 있네! a‿e는 '에이' 소리고, m은 '음' 소리야.
  ame은 '에이'와 '음' 소리를 이어서 '에이음', 빠르게 말하면 '에임' 소리가 나!"

- 그림에서 ame이 들어간 단어를 찾아 손으로 짚어 보세요.

  "친구들이 game을 하고 있어. 강아지도 같이 놀고 싶나 봐!"

QR Scan ▶ Watch ··· Repeat

ame Word Chant

• Stick, point, and chant.

ame

ame

Watch Stick Chant

g ame » game 

n ame » name 

s ame » same 

game

name

same

ame Checkup

• Stick and say.

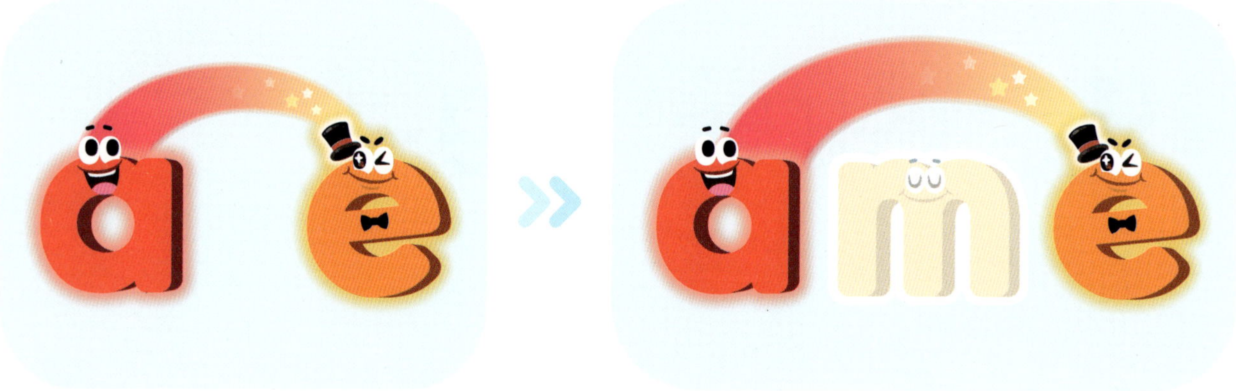

• Draw the lines. Read and check.

g / ame		game	☐
n / ame		name	☐
s / ame	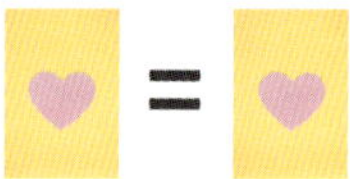	same	☐

• Match, read, and trace.

s ame	name	
n ame	same	
g ame	game	

• Stick and read the word. Draw the picture.

ape Sound 소리 알기

Lesson Guide

- 아이와 함께 ape 소리를 재미있게 따라 해 보세요.

  "a와 e 사이에 p가 있네! a⌒e는 '에이' 소리고, p는 'ㅍ' 소리야. ape은 '에이'와 'ㅍ' 소리를 이어서 '에이ㅍ' 하고 소리 내는 거야."

- 그림에서 ape이 들어간 단어를 찾아 손으로 짚어 보세요.

  "cape을 입은 ape의 포즈, 정말 멋있는데?"

QR Scan Watch Repeat

ape Word Chant

• Stick, point, and chant.

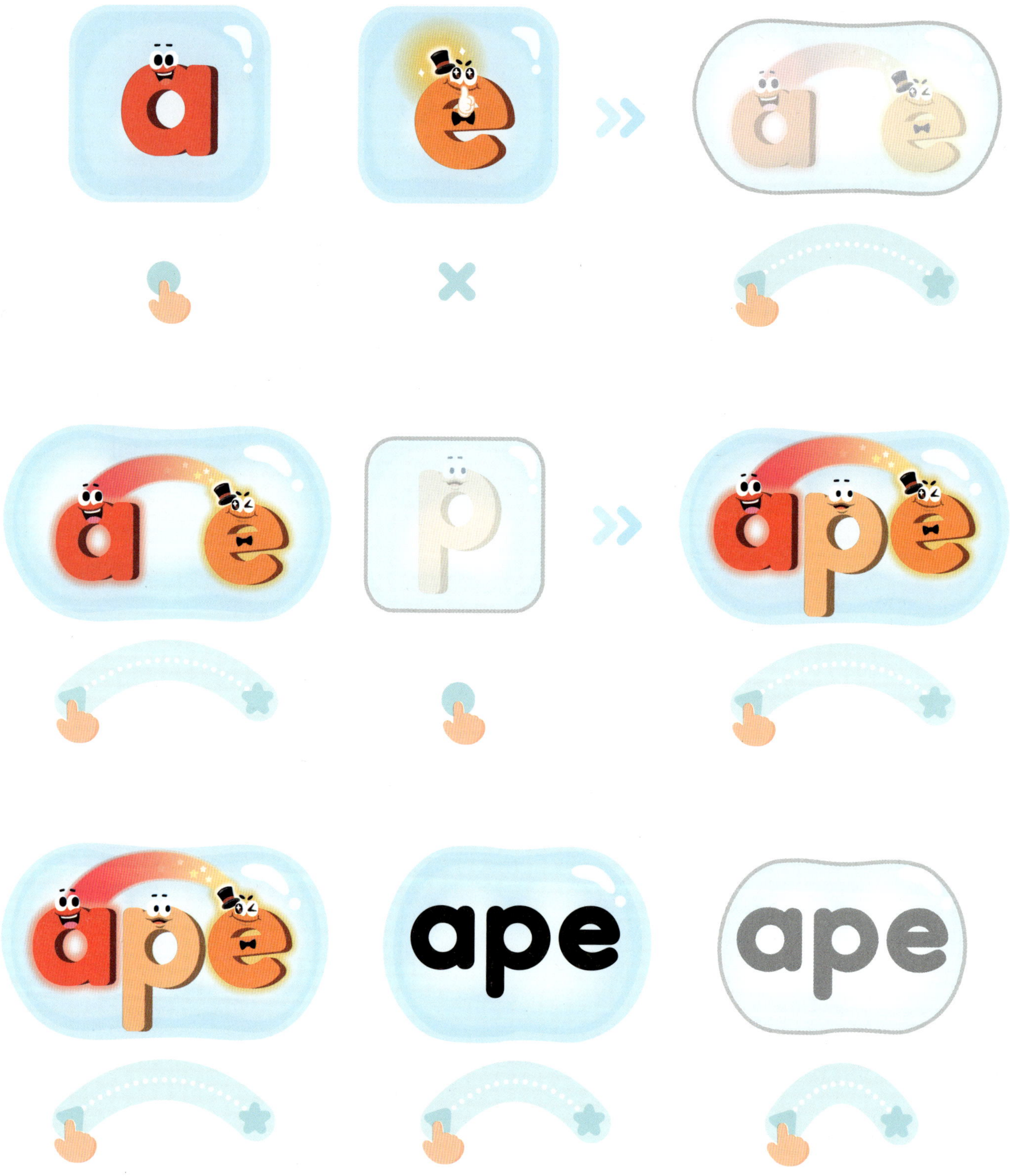

Watch Stick Chant

ape » ape 

c ape » cape 

t ape » tape 

ape

cape

tape

ape Checkup

• Stick and say.

• Draw the lines. Read and check.

ape	 ape	
c / ape	 cape	
t / ape	 tape	

• Match, read, and trace.

t ape

tape 

ape

cape 

c ape

ape 

• Stick and read the word. Draw the picture.

ake ame ape Review

1. Circle and say the sounds.

ake ame ape

ape ake ame

2. Mark and say the sounds.

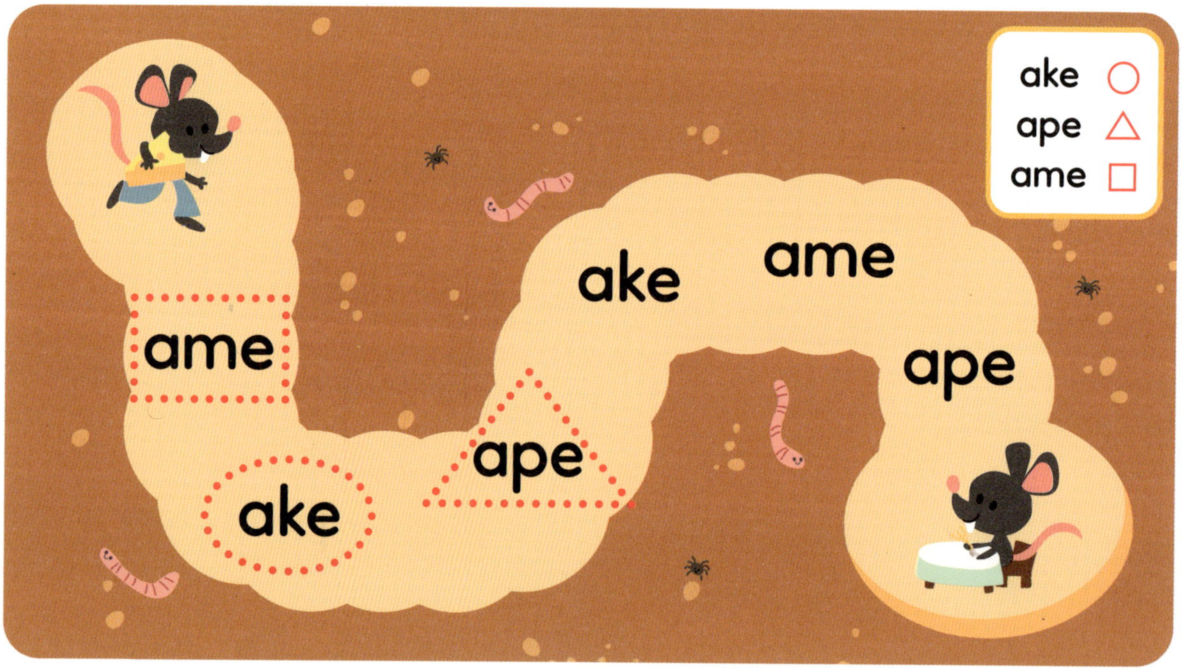

3 Read, trace, and circle.

cake  

name  

ape  

4 Circle the words in the puzzle. Read and trace.

l	r	a	t	c
g	a	m	e	a
j	o	s	w	p
b	a	k	e	e

 game

 bake

 cape

ike Sound 소리 알기

Lesson Guide

- 아이와 함께 ike 소리를 재미있게 따라 해 보세요.

  “i와 e 사이에 k가 있네! i⌒e는 함께 묶어서 ‘아이’ 소리고, k는 ‘ㅋ’ 소리야. ike는 ‘아이’와 ‘ㅋ’ 소리를 이어서 ‘아이ㅋ’ 소리가 나.”

- 그림에서 ike가 들어간 단어를 찾아 손으로 짚어 보세요.

  “여자아이와 강아지가 bike를 타고 소풍 나왔나 봐.”

QR Scan ▶ Watch Repeat

ike Word Chant

• Stick, point, and chant.

Watch Stick Chant

b · ike » bike 

h · ike » hike 

l · ike » like 

ike

bike

hike

like

ike Checkup

• Stick and say.

• Draw the lines. Read and check.

b / ike

bike

h / ike

hike

l / ike

like

• Match, read, and trace.

b ike	hike	
h ike	like	
l ike	bike	

• Stick and read the word. Draw the picture.

ine Sound 소리 알기

Lesson Guide

- 아이와 함께 ine 소리를 재미있게 따라 해 보세요.

  "i와 e 사이에 n이 있네! i‿e는 '아이' 소리고, n은 '은' 소리야.
  ine은 '아이'와 '은' 소리를 이어서 '아이은', 빠르게 말하면 '아인' 소리가 나!"

- 그림에서 ine이 들어간 단어를 찾아 손으로 짚어 보세요.

  "다람쥐가 line을 그리고 있네. 아기 곰의 생일인가 봐! 아기 곰은 몇 살일까?"

QR Scan Watch Repeat

ine Word Chant

• Stick, point, and chant.

Watch Stick Chant

l 

» line

n 

» nine 9

p 

» pine 

line

9

nine

pine

ine Checkup

• Stick and say.

• Draw the lines. Read and check.

l / ine	 line	☐
n / ine	 nine	☐
p / ine	 pine	☐

• **Match, read, and trace.**

n ine	line	
l ine	nine	
p ine	pine	

• **Stick and read the word. Draw the picture.**

ive Sound 소리 알기

Lesson Guide

- 아이와 함께 ive 소리를 재미있게 따라 해 보세요.

  "i와 e 사이에 v가 있네! i⌒e는 '아이' 소리고, v는 'ㅂ' 소리야.
  ive는 '아이'와 'ㅂ' 소리를 이어서 '아이ㅂ' 하고 소리 내는 거야."

  Tip v는 윗니를 아랫입술에 댄 채 'ㅂ' 하고 소리 내요.

- 그림에서 ive가 들어간 단어를 찾아 손으로 짚어 보세요.

5
five
오, 다섯
hive
벌집
dive
뛰어들다
Find the pictures!
9

ive Word Chant

• **Stick, point, and chant.**

Watch Stick Chant

d ive » dive

f ive » five 5

h ive » hive

dive

5

five

hive

ive Checkup

• Stick and say.

• Draw the lines. Read and check.

d / ive

dive

f / ive

five

h / ive

hive

• **Match, read, and trace.**

f ive		hive	
h ive		dive	
d ive		five	

• **Stick and read the word. Draw the picture.**

ike ine ive Review

① Circle and say the sounds.

ike	ine	ive
ine	ive	ike

② Mark and say the sounds.

3 Read, trace, and circle.

bike	5	
hive		
nine		9

4 Circle the words in the puzzle. Read and trace.

l	d	i	v	e
i	s	x	y	i
k	p	i	n	e
e	e	m	u	e

like

pine

dive

ole Sound 소리 알기

Lesson Guide

- **아이와 함께 ole 소리를 재미있게 따라 해 보세요.**

  "o와 e 사이에 l이 있네! o⌒e는 함께 묶어서 '오우' 소리고, l은 '을' 소리야. ole은 '오우'와 '을' 소리를 이어서 '오우을', 빠르게 말하면 '오을' 소리가 나."

- **그림에서 ole이 들어간 단어를 찾아 손으로 짚어 보세요.**

  "mole이 땅을 파고 있어. hole에 토마토를 심을 건가 봐!"

Scan Watch Repeat

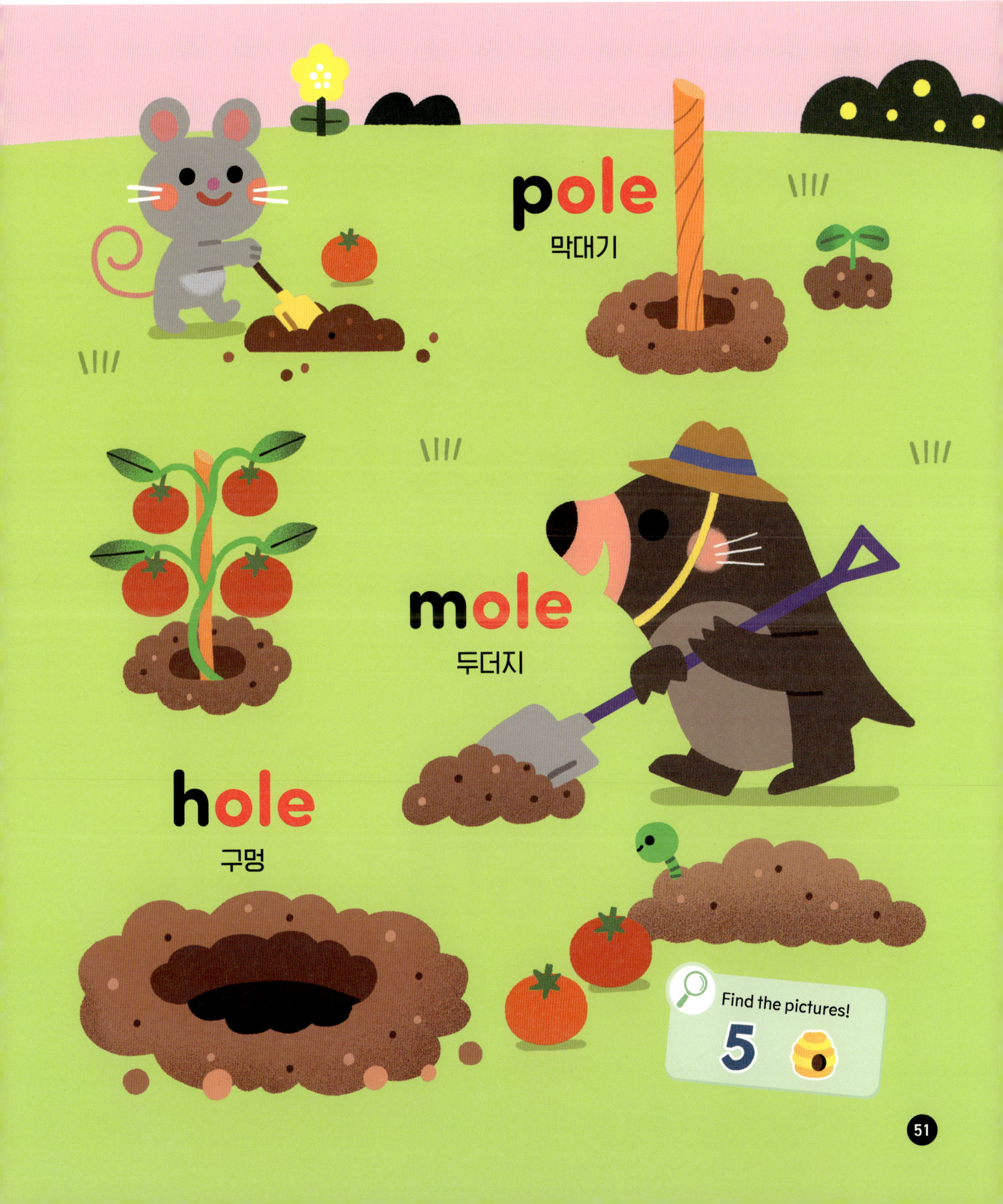

pole
막대기

mole
두더지

hole
구멍

Find the pictures!
5

ole Word Chant

• Stick, point, and chant.

Watch Stick Chant

h ole » hole 

m ole » mole 

p ole » pole 

hole

mole

pole

ole Checkup

• Stick and say.

• Draw the lines. Read and check.

h / ole		hole	☐
m / ole		mole	☐
p / ole		pole	☐

• Match, read, and trace.

p ole		mole	
h ole		pole	
m ole		hole	

• Stick and read the word. Draw the picture.

ope Sound 소리 알기

Lesson Guide

- 아이와 함께 ope 소리를 재미있게 따라 해 보세요.

  "o와 e 사이에 p가 있네! o⌒e는 '오우' 소리고, p는 'ㅍ' 소리가 나.
  ope은 '오우'와 'ㅍ' 소리를 이어서 '오우ㅍ' 하고 소리 내는 거야."

- 그림에서 ope이 들어간 단어를 찾아 손으로 짚어 보세요.

  "쥐들이 어떤 작전을 세우고 있는 걸까? rope 위에 올라간 쥐가 대장일까?"

QR Scan Watch Repeat

ope Word Chant

• Stick, point, and chant.

Watch Stick Chant

h · ope » hope 

n · ope » nope 

r · ope » rope 

ope

hope

nope

rope

ope Checkup

• Stick and say.

»

• Draw the lines. Read and check.

h / ope	 hope	☐
n / ope	 nope	☐
r / ope	 rope	☐

• **Match, read, and trace.**

r ope	hope	
h ope	nope	
n ope	rope	

• **Stick and read the word. Draw the picture.**

ose Sound 소리 알기

Lesson Guide

- 아이와 함께 ose 소리를 재미있게 따라 해 보세요.

  "o와 e 사이에 s가 있네! o⌒e는 '오우' 소리고, s는 'ㅅ' 소리야.
  그런데 s는 'ㅈ' 소리로 날 때도 있어. ose는 '오우ㅈ' 하고 소리 나!"

  Tip s는 'ㅈ'로도 소리 나요. hose, nose, rose 모두 'ㅈ' 소리가 나요.

- 그림에서 ose가 들어간 단어를 찾아 손으로 짚어 보세요.

QR Scan Watch Repeat

ose Word Chant

• Stick, point, and chant.

Watch Stick Chant

h + ose » hose 

n + ose » nose 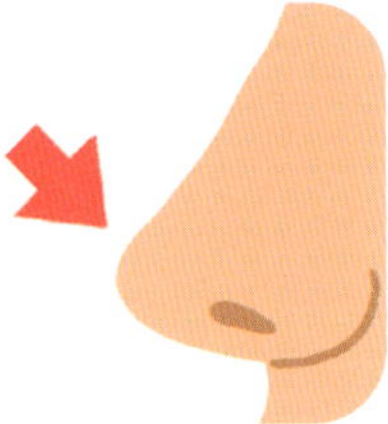

r + ose » rose 

hose

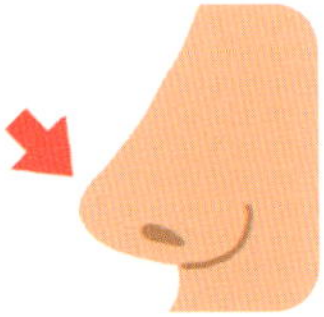
nose

rose

ose Checkup

• Stick and say.

• Draw the lines. Read and check.

h / ose

hose

n / ose

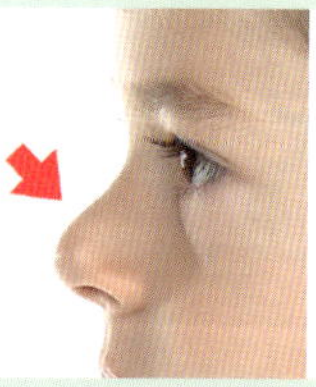

nose

r / ose

rose

• Match, read, and trace.

r ose		hose	
h ose		rose	
n ose		nose	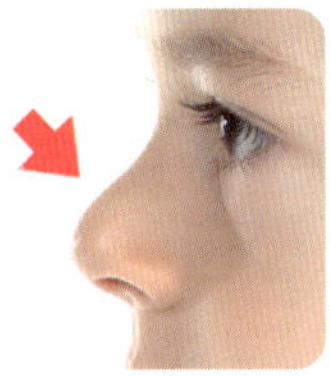

• Stick and read the word. Draw the picture.

ole ope ose Review

1 Circle and say the sounds.

ole ope ose

ose ope ole

2 Mark and say the sounds.

3 Read, trace, and circle.

mole

hope

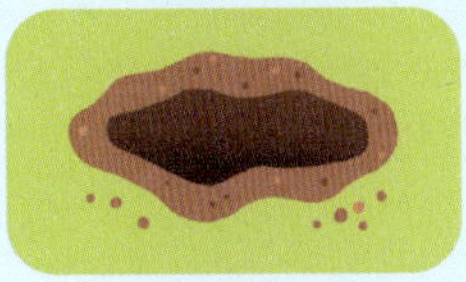

hose

4 Circle the words in the puzzle. Read and trace.

n	p	o	l	e
o	z	i	k	m
s	a	v	h	w
e	n	o	p	e

pole

nope

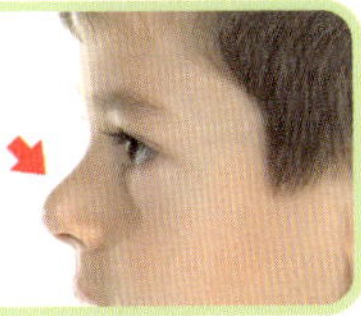

nose

use Sound 소리 알기

Lesson Guide

- 아이와 함께 use 소리를 재미있게 따라 해 보세요.

  "u와 e 사이에 s가 있네! u⌒e는 '유' 소리고, s는 'ㅅ' 소리야.
  그런데 s는 'ㅈ' 소리로 날 때도 있어. use는 '유ㅈ' 하고 소리 나!"

  Tip s는 'ㅈ' 로도 소리 나요. use(사용하다), muse 모두 'ㅈ' 소리가 나요.

- 그림에서 use가 들어간 단어를 찾아 손으로 짚어 보세요.

QR Scan ▶ Watch 💬 Repeat

use Word Chant

• Stick, point, and chant.

Watch Stick Chant

use 

m + use >> muse 

use

muse

use Checkup

• Stick and say.

• Draw the lines. Read and check.

use

m / use

use ✓

muse ✓

• **Match, read, and trace.**

use ········ use

m use ········ muse

• **Stick and read the word. Draw the picture.**

Tip muse는 그리스 신화에서 음악을 즐기고 예술을 돌보는 여신을 뜻해요.

ute Sound 소리 알기

Lesson Guide

- **아이와 함께 ute 소리를 재미있게 따라 해 보세요.**

  "u와 e 사이에 t가 있네! u⌒e는 '유' 소리고, t는 'ㅌ' 소리야.
  ute는 '유'와 'ㅌ' 소리를 이어서 '유ㅌ' 소리가 나."

- **그림에서 ute가 들어간 단어를 찾아 손으로 짚어 보세요.**

  "공연이 시작되면 조용히 해야 해. 핸드폰 소리가 나지 않도록 mute로 해 두자."

QR Scan ▶ Watch Repeat

cute

귀여운

mute

소리 없는

Find the pictures!

ute Word Chant

• Stick, point, and chant.

Watch Stick Chant

c · ute » cute 

m · ute » mute 

ute

cute

mute

ute Checkup

• Stick and say.

• Draw the lines. Read and check.

c ute

m ute

cute

mute

• **Match, read, and trace.**

c ute

m ute

mute

cute

• **Stick and read the word. Draw the picture.**

Tip mute는 소리 없이 조용한 상태를 뜻해요.

use ute Review

1 Circle and say the sounds.

use	ute	use
ute	use	ute

2 Mark and say the sounds.

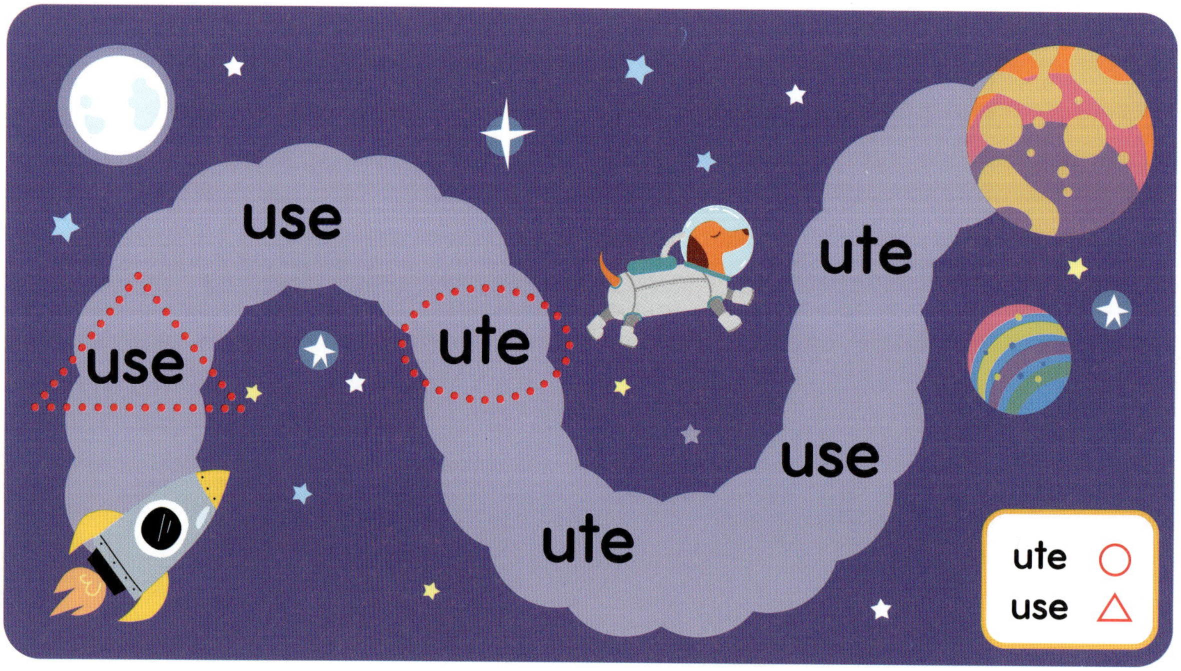

3 Read, trace, and circle.

cute

mute

muse

4 Circle the words in the puzzle. Read and trace.

z	u	s	e	p
u	c	u	t	e
a	y	w	h	l
m	u	t	e	f

cute

use

mute

Tracing Sounds 따라쓰기

ake

ike

ole

use

ame

ape

ine

ive

ope

ose

ute

Word Review 단어 완성하기

cake

game

cape

bike

pine

five

mole

hope

rose

muse

cute

Answer

Review 1 pp. 28-29

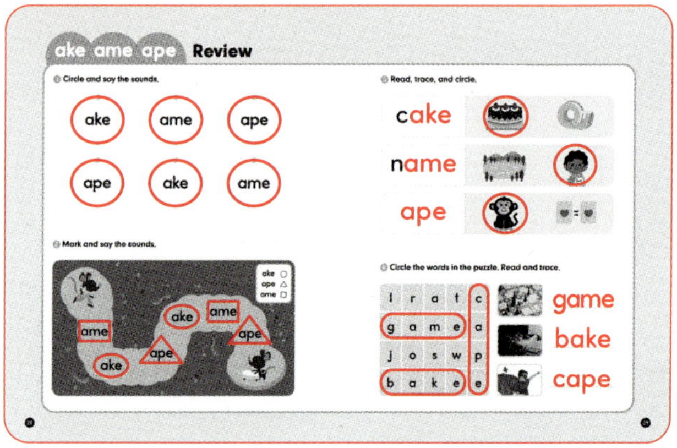

Review 2 pp. 48-49

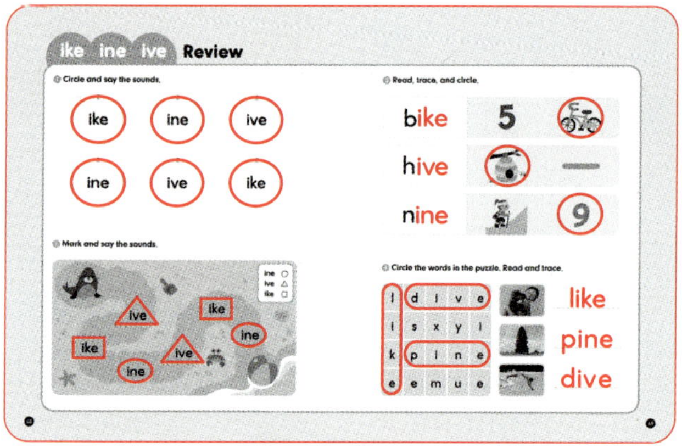

Review 3 pp. 68-69

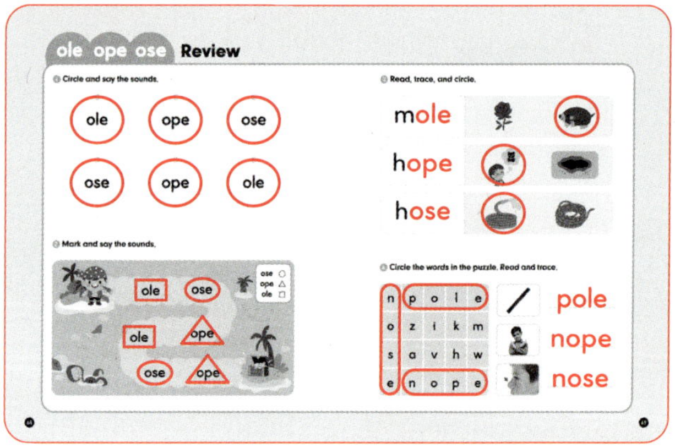

Review 4 pp. 82-83

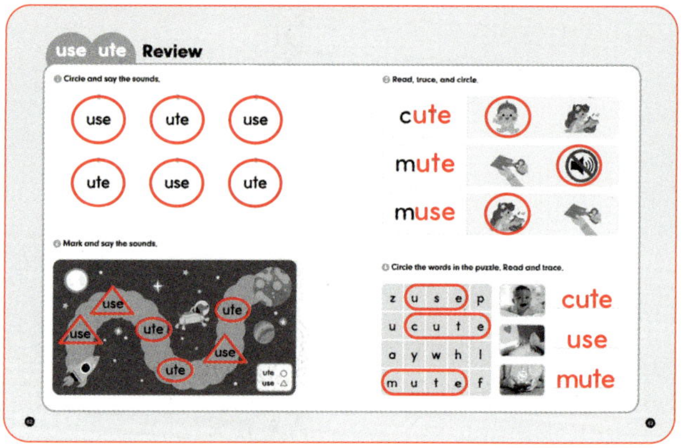

pp. 12-15

a e k ake

k ake

pp. 18-21

a e m ame

m ame

pp. 24-27

a e p ape

p ape

pp. 32-35

i_e　k　ike

 　k　ike

pp. 38-41

i_e　n　ine

9 　n　ine

pp. 44-47

i_e　v　ive

 　v　ive

pp. 52-55

o e l ole

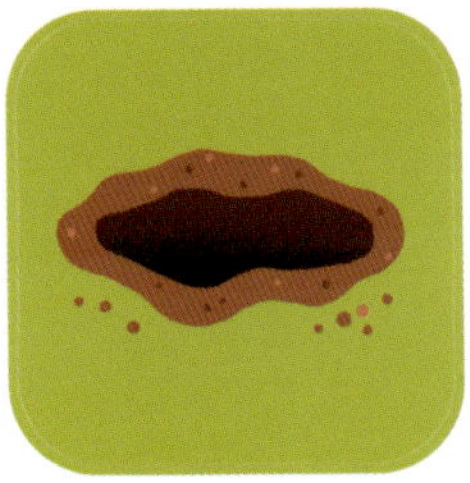  l ole

pp. 58-61

o e p ope

  p ope

pp. 64-67

o e s ose

  s ose

pp. 72-75

use

pp. 78-81

ute

* 자유롭게 잘라 쓰세요.